BEI GRIN MACHT SICH IHR
WISSEN BEZAHLT

- Wir veröffentlichen Ihre Hausarbeit,
  Bachelor- und Masterarbeit

- Ihr eigenes eBook und Buch -
  weltweit in allen wichtigen Shops

- Verdienen Sie an jedem Verkauf

Jetzt bei www.GRIN.com hochladen
und kostenlos publizieren

Eymen Behrend

Die Bedeutung der interkulturellen Literatur für den Deutschunterricht

Interkulturelle Literatur und ihre Didaktik

GRIN Verlag

Bibliografische Information der Deutschen Nationalbibliothek:

Die Deutsche Bibliothek verzeichnet diese Publikation in der Deutschen National-
bibliografie; detaillierte bibliografische Daten sind im Internet über http://dnb.d-
nb.de/ abrufbar.

Impressum:

Copyright © 2011 GRIN Verlag GmbH
Druck und Bindung: Books on Demand GmbH, Norderstedt Germany
ISBN: 978-3-656-54220-9

Dieses Buch bei GRIN:

http://www.grin.com/de/e-book/264149/die-bedeutung-der-interkulturellen-literatur-
fuer-den-deutschunterricht

Die Bedeutung der interkulturellen Literatur für den Deutschunterricht

Interkulturelle Literatur und ihre Didaktik

Inhaltsverzeichnis:

Seite

1. Allgegenwärtige Interkulturalität – auch im Deutschunterricht?

In unserer heutigen Zeit begegnen wir immer häufiger dem Begriff der Interkulturalität. Von interkultureller Handlungskompetenz, interkulturellem Management oder interkultureller Rhetorik ist die Rede. Bereits der inflationäre Gebrauch dieses Begriffs zeigt, wie wichtig die Interkulturalität in unserer heutigen Gesellschaft geworden ist. Auch in der Literaturwissenschaft rückt der Umstand der Interkulturalität immer stärker ins Zentrum, besonders in Bezug auf Deutsch als Zweitsprache bzw. Deutsch als Fremdsprache. Im gängigen Deutschunterricht hingegen wird der Aspekt der Interkulturalität nur selten umgesetzt, obwohl „doch niemand mehr bezweifle, dass Deutschland ein Einwanderungsland sei."[1] Doch gerade in Klassen mit einem hohen Anteil an Schülern mit Migrationshintergrund wäre ein verstärkter Fokus auf den interkulturellen Aspekt der Literatur wünschenswert. Aus Sicht der Toleranzentwicklung wäre dies ein wichtiger Schritt, da sowohl deutsche als auch Schüler mit Migrationshintergrund durch Vergleiche in der Literatur in ihrer Empathie gefördert würden. Um mit Esselborns Worten zu sprechen:

> „[D]ie Migranten- und Minderheitenliteratur [könnte] einen wichtigen Beitrag zu Austausch und Verständigung zwischen Mehrheits- und Minderheitenkultur bzw. zur Erkenntnis ihrer Interdependenz und Vermischung und damit zu Selbstverständnis und kultureller Orientierung der Immigranten leisten."[2]

Ziel dieser Arbeit ist es deswegen den zusätzlichen Nutzen der interkulturellen Literaturdidaktik gegenüber herkömmlicher Literatur herauszuarbeiten. Ausgehend von einer Definition der interkulturellen Literatur wird auf die Stereotype in und den Perspektivenwechsel durch diese Art der Literatur eingegangen. Der zweite Teil der Arbeit beschäftigt sich mit praktischen Möglichkeiten zur Umsetzung im Unterricht, die sich vornehmlich auf die Arbeiten Skinners stützen. Eine weitere Unterteilung in Unterrichtsformate für reguläre Deutschklassen und DaF-Klassen findet bewusst nicht statt, da die interkulturelle Literatur in einer zunehmend multikulturellen Gesellschaft für beide Bereiche ähnliche Vorteile bietet.

---

[1] Honnef-Becker, Irmgard (Hg.): Dialoge zwischen den Kulturen. Interkulturelle Literatur und ihre Didaktik. S. 1.
[2] Esselborn, Karl: Interkulturelle Literatur – Entwicklungen und Tendenzen. In: Honnef-Becker, Irmgard (Hg.): Dialoge zwischen den Kulturen. Interkulturelle Literatur und ihre Didaktik (Diskussionsforum Deutsch, Bd. 24). Baltmannsweiler 2007. S. 10.

2. Interkulturelle Literatur – Versuch einer Definition

Im Falle der Literatur herrschte lange das aus dem 19. Jahrhundert stammende Konzept einer monolingualen Nationalliteratur vor. Die Migranten- und Exilliteratur führte deswegen im wissenschaftlichen Interesse lange Zeit nur ein Schattenleben und fand nur marginal Beachtung. Erst die in den achtziger Jahren des zwanzigsten Jahrhunderts auftretende sogenannte Gastarbeiterliteratur der Arbeitsimmigranten in Deutschland änderte diese Ansicht hin zu einer mehr interkulturell orientierten deutschsprachigen Literatur. Durch die zunehmende Globalisierung nimmt auch der Wert interkultureller Literatur gerade in der heutigen Zeit einen wichtigen Platz ein. Von Gastarbeiterliteratur kann aber gegenwärtig nicht mehr die Rede sein, da sich viele der Autoren bereits in der zweiten oder dritten Generation in Deutschland befinden. Die interkulturelle Literatur lässt sich deshalb per definitionem nur schwer exakt festlegen.[3]

Bereits der alleinstehende Begriff interkulturell, obwohl im heutigen Sprachgebrauch durchaus gebräuchlich, ist nicht eindeutig zu umfassen. Diese Problematik potenziert sich noch, wenn der Begriff in Zusammenhang mit Literatur verwendet wird. Ist ein Text in Deutschland interkulturell, wenn ein Immigrant ihn verfasst hat oder wenn ein Immigrant im Werk die Stelle des Protagonisten einnimmt? Ist Interkulturalität auf die Thematik bezogen oder durch den Einsatz fremdsprachlicher Begriffe geprägt? Allein der Begriff Kultur erfreut sich in Bezug auf die Forschung höchster Beliebtheit beim Diskussionspotential.[4]

Während dieses literarische Phänomen durchaus wahrgenommen, untersucht und kommentiert wird, so kristallisiert sich dennoch eine große Schwierigkeit in der präzisen Bezeichnung der gemeinten Texte und ihrer Autoren heraus.[5]

Zur Vereinfachung werden einzelne Unterklassifizierungen bei der Definition des Begriffes Interkulturelle Literatur im Folgenden ausgeblendet. Interkulturelle Literatur ist demnach „eine Literatur [...], die im Einflussbereich verschiedener Kulturen und Literaturen entstanden und auf diese durch Übernahmen, Austausch, Mischung usw. bezogen ist."[6] Auf

---

[3] Vgl. Esselborn, Karl: Literatur. S. 9/10.
[4] Vgl. http://www.fask.uni-mainz.de/inst/gi/abstracts/abstract-mg.pdf. S. 1/2.
[5] Vgl. http://www.fask.uni-mainz.de/inst/gi/abstracts/abstract-mg.pdf. S. 1/2.
[6] Esselborn, Karl: Literatur. S. 10.

Grundlage dieser Definition handelt es sich bei interkultureller Literatur um all jene Schriftstücke, die in irgendeinem Zusammenhang mit mehreren Kulturen stehen.[7]

Diese vereinfachte Umschreibung soll aber nicht darüber hinwegtäuschen, dass die genaue Eingrenzung des Begriffs der interkulturellen Literatur immer noch stark umstritten ist.

3. Stereotype in der Literatur und ihre Potentiale für den Unterricht

Stereotype bezeichnen stark vereinfachte, schematisierte, feststehende und weit verbreitete Vorstellungen einer Gruppe von einer anderen oder von sich selbst. Sie bilden sich auf Grund weniger, meist oberflächlicher Merkmale aus und zeichnen sich durch Konstanz und Universalität aus. Sie sind also schwer wandelbar und beziehen sich auf beinahe alle Lebensbereiche. Nach Lippmann ist die Bildung von Stereotypen als eine kognitive Strategie der selektiven Wahrnehmung und Komplexitätsreduktion aufzufassen. [8]

Neutraler formuliert kann anstelle von Stereotypen auch von Schemata gesprochen werden. Sie helfen dabei, die Vielzahl von visuellen Einzelwahrnehmungen durch Generalisierungen besser zu ordnen und damit überschaubarer zu machen. Damit erfüllen sie eine wichtige kognitive und soziale Orientierungsfunktion. Auffälligerweise werden dabei Einzelbeobachtungen häufig als Beleg für die Angemessenheit von Stereotypen und Schemata interpretiert, abweichende Beobachtungen werden hingegen häufig übersehen oder als Ausnahmen deklariert. [9]

Als wichtiger Punkt ist anzumerken, dass die Selbst- und Fremdbilder von Nationen unauflöslich miteinander verknüpft sind.[10] „Jede explizite Fremdcharakterisierung einer anderen Nation ist immer auch eine implizite (oftmals unbewusste) Selbstcharakterisierung der eigenen."[11]

---

[7] Vgl. Esselborn, Karl: Literatur. S. 10.

[8] Vgl. Honnef-Becker, Irmgard: Empathie und Reflexion: Überlegungen zu einer interkulturellen Literaturdidaktik. In: Honnef-Becker, Irmgard (Hg.): Dialoge zwischen den Kulturen. Interkulturelle Literatur und ihre Didaktik (Diskussionsforum Deutsch, Bd. 24). Baltmannsweiler 2007. S. 215/216.

[9] Vgl. Padrós, Alicia und Biechele, Markus: Didaktik der Landeskunde (Fernstudienprojekt zur Fort- und Weiterbildung im Bereich Germanistik und Deutsch als Fremdsprache, Bd. 31). Berlin/München 2007. S. 78-80.

[10] Vgl. Honnef-Becker, Irmgard: Empathie. S. 215/216.

[11] Honnef-Becker, Irmgard: Empathie. S. 216.

Die Interpretation von Stereotypen sowohl der eigenen als auch der fremden Kultur in literarischen Texten bildet deswegen einen wichtigen Teilbereich einer interkulturellen Literaturdidaktik. Dabei sollen die Funktionsweisen und Mechanismen von Stereotypisierungen aufgezeigt werden. [12] Dabei ist nicht die Tatsache, dass sie eingesetzt werden, sondern die Frage, welche Stereotype wie eingesetzt werden und wie der Autor damit verfährt die eigentlich interessante. Der Autor kann sie gemäß der Erwartung einsetzen, gegen die Stereotype arbeiten oder sie durch bewussten Verzicht in erwartungsgemäßen Stellen ins Zentrum rücken. Die Gründe hierfür sind in einem Klassenverband zu eruieren. [13]

Stereotype können in Texten ganz offen zu Tage treten oder sie können auch verborgen und implizit vorliegen. Sie gehören zur normalen Wahrnehmung und sind als Simplifizierungen der komplexen Realität zu deuten. Um die Funktionsweise solcher Stereotype sichtbar zu machen, bietet sich Ironie und Satire in besonderer Weise an. Bei Kaminers „Russendisko" wird durch die Überzeichnungen mit den Stereotypen auf unterhaltsame Weise gespielt. Die Erzählhaltung wirkt dabei nie überheblich, vielmehr macht sich der Autor auch über sich selbst lustig. Durch Analysen oder unter Anwendung produktionsorientierter Verfahren könnte im Unterricht darauf eingegangen werden. Ähnlich unterhaltsam gestaltet sich Maxim Gorskis „Gebrauchsanweisung für Deutschland", in dem der russlandstämmige Autor dem Rezipienten eine Reihe von Vorschlägen an die Hand gibt, „wie diesem eigentümlichen Land zu begegnen sei – unentbehrlich für alle, die es mit Deutschland zu tun bekommen"[14]. Befremdliche Alltagserscheinungen in der deutschen Kultur stehen im Mittelpunkt, werden jedoch stets mit einem Augenzwinkern behandelt und gerade deshalb bietet sich die Lektüre auch für Deutsche an, die sich selbstreflexiv über die eigenen Rituale amüsieren wollen. Neben dem Einsatz und der Wirkung von Stereotypen ist immer ein Diskussionspunkt inwieweit sie tatsächlich zutreffen oder wie sie sich vermeintlich im Laufe der Zeit gewandelt haben. [15]

---

[12] Vgl. Honnef-Becker, Irmgard: Empathie. S. 216.

[13] Vgl. O'Sullivan, Emer: Repräsentationen eigener und fremder Kulturen in der (Kinder)Literatur. In: Honnef-Becker, Irmgard (Hg.): Dialoge zwischen den Kulturen. Interkulturelle Literatur und ihre Didaktik (Diskussionsforum Deutsch, Bd. 24). Baltmannsweiler 2007. S. 134/135.

[14] Honnef-Becker, Irmgard: Empathie. S. 217.

[15] Vgl. Honnef-Becker, Irmgard: Empathie. S. 216-218.

Ein Vergleich zwischen zwei Textpassagen aus den 1950er und den 1990er Jahren zeigt beispielsweise einen klaren Wandel in der Darstellung von Indonesiern in der deutschsprachigen Abenteuerliteratur. In „Unheimlicher Dschungel" wird ein deutscher Geologe von seinem Sohn nach Sumatra begleitet. Die Beschreibung eines indonesischen Arbeitskollegen des Vaters erfolgt aus den Augen des Sohnes.[16]

> „Er war ein ungewöhnlich kräftiger Mann in den mittleren Jahren. Unter einem schmutzigen Turban lugte schwarzes, fast bläulich glänzendes Haar hervor. Das dunkelbraune Gesicht verriet ein biederes und treues Wesen, aber auch Schläue und Unbeherrschtheit. Den üppigen Mund umgab wie ein ovaler Rahmen der Schnurrbart, und der Kinnbart war so lang, dünn und spärlich wie ein Ziegenbärtchen. [...] Er dankt mit überschwänglichen, blumenreichen Worten dem mächtigen Allah, dass er den Tuan über Länder und Meere wieder glücklich nach Padang zurückgeleitet habe."[17]

In den 1990er Jahren fällt die Beschreibung eines Indonesiers in einer ähnlichen Situation, wieder aus Sicht eines mit seinem Vater mitreisenden Sohnes bereits deutlich anders aus.[18]

> „Einer der Hausdiener stand hinter ihm, einen Besen und frische Handtücher unter dem Arm. Er schien viel älter als David zu sein, lächelte und deutete auf die Treppe am anderen Ende des Flurs. „Makan!", sagte er. 'Breakfast!' und rieb seinen Magen."[19]

Dieses Beispiel illustriert auf anschauliche Weise, wie sich Sichtweisen und Darstellungsformen im Laufe der Zeit wandeln können. Während in der ersten Beschreibung vorzugsweise die Unterschiede zu Tage treten und besonders die Dichotomie zwischen dem Eigenen und dem Fremden betont wird, wird in der zweiten Darstellung verstärkt auf die Ähnlichkeiten und Gemeinsamkeiten verwiesen. Die exotisierenden Beschreibungen der 50er Jahre weichen also Beschreibungen die sich eher auf die Ähnlichkeiten der Kulturen stützen.[20]

Die Auseinandersetzung mit den Vorurteilen gegenüber einer anderen Kultur, ebenso wie Vorurteile, die der eigenen Kultur entgegen gebracht werden, unterstützt den Prozess des reflexiven Denkens und damit auch die Akzeptanz gegenüber Menschen aus anderen Kulturkreisen. Stanzel erkannte bereits 1974 richtig: „Dem fremden Nationalcharakter wird [...] in der Literatur oft die Funktion einer Folie zugewiesen, vor der sich die eigene nationale Identität besser erkennen lässt."[21]

---

[16] Vgl. O`Sullivan, Emer: Repräsentationen. S. 134.
[17] O`Sullivan, Emer: Repräsentationen. S. 137.
[18] Vgl. O`Sullivan, Emer: Repräsentationen. S. 137.
[19] O`Sullivan, Emer: Repräsentationen. S. 137.
[20] Vgl. O`Sullivan, Emer: Repräsentationen. S. 137/138.
[21] O`Sullivan, Emer: Repräsentationen. S. 134.

4. Förderung von Empathie durch interkulturelle literarische Texte

Wer andere Menschen richtig verstehen und deuten will, der muss versuchen die Welt mit ihren Augen zu betrachten. Nichts anderes bedeutet im Kern der Begriff Empathie. Dadlez definiert Empathie im Bezug auf die Literatur wie folgt:

> „To empathize is to adopt a different point of vantage on the actual or the fictional world. It is to regard the world from the perspective of certain beliefs and thoughts and predelections, just the beliefs and thoughts a character is imagined to have or a person is believed to posses".[22]

Im Grunde kann diese Definition ohne Abstriche übernommen werden. Wenn die Einstellungen und Handlungen von Menschen anderer Kulturen, die auf den ersten Blick abstrus, seltsam oder unsinnig erscheinen mögen, aus einem anderen Blickwinkel betrachtet werden, kann dies zu einem starken Abbau der Vorurteile und im besten Fall zur Entwicklung von Verständnis führen. Darin sieht sich das Ideal der Toleranz verkörpert, indem der Antipathie gegenüber dem Andersartigen entgegengearbeitet wird.[23]

Literarische Texte eignen sich in hervorstechender Weise um die Empathiefähigkeit der Menschen zu entwickeln. Zwangsläufig muss der Rezipient die eigene Perspektive hinter sich lassen und in die Haut der verschiedenen Charaktere schlüpfen, die ihm in den Texten begegnen. Stärker noch kommt es häufig im Laufe eines entsprechend langen Textes nicht nur zu einer Aufgabe bestimmter Vorurteile und Antipathien, sondern sogar zu einer Herausbildung von Sympathie, die dem Leser das Verständnis des Anderen erleichtert. Dies führt über den Begriff der Toleranz hinaus zur Akzeptanz des Anderen. Die Sichtweise wandelt sich von einem strikten entweder-oder in der Kultur hin zu einer Betonung der Gemeinsamkeiten. Denn häufig sind die Ängste, Sorgen und Nöte des Protagonisten dem Rezipienten, trotz unterschiedlichem kulturellen Background nur allzu vertraut.[24]

Auf praktische Ansätze wie ein interkultureller Literaturunterricht umgesetzt werden kann, soll im folgenden Punkt verwiesen werden.

---

[22] Bredella, Lothar: Grundzüge einer interkulturellen Literaturdidaktik. In: Honnef-Becker, Irmgard (Hg.): Dialoge zwischen den Kulturen. Interkulturelle Literatur und ihre Didaktik (Diskussionsforum Deutsch, Bd. 24). Baltmannsweiler 2007. S. 39.

[23] Vgl. Bredella, Lothar: Grundzüge. S. 39-44.

[24] Vgl. Bredella, Lothar: Grundzüge. S. 39/40.

5. Praktische Anregungen zur Umsetzung eines Literaturunterrichts am Beispiel der Geschichten aus „Tausendundeiner Nacht"

Die Beschäftigung mit „Tausendundeiner Nacht" kann den Schülern vermitteln, wie sich das Orientbild aus der Sicht der Europäer im Laufe der Zeit gewandelt hat und auch weiterhin wandelt. Auf diese Weise können sie sich in die Perspektivität der Wahrnehmung anderer Kulturen einarbeiten. Gerade im heutigen zeitigen Kontext, in dem das Bild der östlichen Welt stark durch Assoziationen mit dem Krieg im Irak oder Terrorismus in der westlichen Gesellschaft geprägt ist, können die Erzählungen aus „Tausendundeiner Nacht" ein Gegenbild zu diesen negativen Assoziationen aufbauen.[25]

Als Einstieg für eine Unterrichtseinheit könnte ein Brainstorming zu „Tausendundeine Nacht", das in Form einer Mindmap an der Tafel durchgeführt wird, dienen. Von besonderem Interesse dürfte die Thematik sein, wenn Schüler mit muslimischem Hintergrund in der Klassengemeinschaft vorhanden sind. Diese können aus ihrer eigenen Sicht Einblick in ihre Kultur geben und somit maßgeblich die Perspektive der anderen Schüler, unabhängig aus welcher Kultur sie stammen, beeinflussen. Lehren werden bekanntlich deutlich besser angenommen, wenn sie aus der Mitte eines sozialen Gefüges kommen, anstatt von außen, wie dies häufig durch den Lehrer der Fall ist. Als Hinführung zur Text- und Rezeptionsgeschichte kann dabei ein kleiner Auszug aus einem Aufsatz der Orientalistin Annemarie Schimmer herangezogen werden:[26]

> „[…] es ist für den Muslim geradezu eine Ironie, dass der Okzident das Morgenland eigentlich durch diese Märchen kennengelernt hat, die von dem 1715 verstorbenen Franzosen A. Galland zum ersten Mal ins Französische übersetzt wurden und dann eine ungeheure Wirkung hatten. Denn für den Araber sind diese aus vielen Quellen zusammengewürfelten Geschichten nur ganz harmlose Volkserzählungen, die dazu noch in einer schlechten, unliterarischen Sprache geschrieben sind. Und für den Araber, und das gilt für die meisten orientalischen Völker, ist das, was zählt, die Sprache, die sprachliche Schönheit. Ein Werk, das nicht den Anforderungen der höchsten sprachlichen Schönheit entspricht, das ist für sie eigentlich gar nicht lesenswert. Deswegen ist es, wie ich sagte, eine Ironie, dass der Okzident gerade durch diese Märchen so vieles vom Orient erfahren hat, freilich oft verzerrt, wie wir aus den zahlreichen Nachahmungen dieser Märchen in Europa sehen können. Der Orient, bis dahin eine Gegend, in der man sehr oft nur das Feindliche sah oder im besten Fall eine christliche Häresie, wurde jetzt plötzlich zu einem Gebiet, wo sich Geister und Könige tummelten, wo es Schätze ohne Zahl gab, wo das Romantische in überschwänglicher Form vorhanden war, gemischt mit dem gröbsten Sinnlichen. […] Bagdad wurde gewissermaßen zur

---

[25] Vgl. Spinner, Kaspar H.: Verkannte Interkulturalität – das Beispiel „Tausendundeine Nacht". In: Honnef-Becker, Irmgard (Hg.): Dialoge zwischen den Kulturen. Interkulturelle Literatur und ihre Didaktik (Diskussionsforum Deutsch, Bd. 24). Baltmannsweiler 2007. S. 151.
[26] Vgl. Spinner, Kaspar H.: Interkulturalität. S. 151.

Des Weiteren kann die Erzählweise der Geschichten in „Tausendundeiner Nacht" durch den Vergleich mit einem Grimmschen Märchen besser kennengelernt werden. Besonders dafür geeignet ist „Der Fischer und der Dschini" sowie in Kontrast dazu bei Grimm „Der Geist im Glas". Parallele Handlungsverläufe und weitere Ähnlichkeiten legen die Vermutung nahe, dass ein Einfluss der Geschichte aus „Tausendundeiner Nacht" auf das Grimmsche Märchen vorliegt. Neben den Gemeinsamkeiten gibt es auch Unterschiede, die typisch für die unterschiedliche Kultur sowie die Umwelt der Figuren sind. Ebenso unterscheiden sich die Erzählweisen in den abend- und morgenländischen Märchen auf charakteristische Weise. Bei „Der Fischer und der Dschini" fällt die Erzählweise ausmalend und verschachtelt aus, in die Erzählung werden weitere Geschichten eingebettet. Der klassische Fortgang der Handlung wird immer wieder durch Gedichte unterbrochen. Bei Grimms „Der Geist im Glas" ist die Erzählstruktur als eher knapp und linear fortschreitend zu klassifizieren.[28]

Neben diesem Ansatz kann auch der Vergleich unterschiedlicher Ausgaben und Übersetzungen reizvoll sein. Die Schüler können dabei dazu angehalten werden, von sich zu Hause, falls vorhanden, Ausgaben von „Tausendundeiner Nacht" mitzubringen. Auffällig zeigt sich, dass frühe Übersetzungen die Drastik des Originals deutlich abmildern. So kann die deutsche Übersetzung ein und desselben Originaltextes deutlich unterschiedlich ausfallen.[29]

In der Fassung von Weil lautet die Übersetzung einer Textstelle beispielsweise:

> „[...] und es kam ein scheußlicher schwarzer Sklave und umarmte sie, und sie umarmte ihn. Die übrigen Sklaven taten dasselbe mit den Sklavinnen, und so brachten sie den ganzen Tag zu mit Küssen und Umarmungen."[30]

Dieselbe Stelle lautet bei Littmann:

> „Da kam ein schwarzer Sklave und umarmte sie, und auch sie schloß ihn in ihre Arme, und er legte sich zu ihr. Ebenso taten die Sklaven mit den Sklavinnen; und es war kein Ende des Küssens und Kosens, des Buhlens und Liebelns, bis der Tag zur Neige ging."[31]

---

[27] Spinner, Kaspar H.: Interkulturalität. S. 151.
[28] Vgl. Spinner, Kaspar H.: Interkulturalität. S. 152.
[29] Vgl. Spinner, Kaspar H.: Interkulturalität. S. 152/153.
[30] Spinner, Kaspar H.: Interkulturalität. S. 153.

Und die neueste Fassung von Ott, die dem Original am nächsten kommt:

> „Die Herrin aber rief. ,Masud! Masud!', worauf ein schwarzer Sklave aus dem Wipfel eines Baums zur
> Erde sprang, mit einem Satz bei ihr war, ihre Waden hob, sich zwischen ihre Oberschenkel warf und sie
> beschlief. Und so sah es nun aus: Die zehn lagen auf den zehn, Masud auf der Herrin, bis zum Mittag
> hörten sie nicht auf damit. Als sie endlich ihr Geschäft beendet hatten, erhoben sie sich alle, wuschen
> sich [...]"[32]

Bereits die verschiedenen Fassungen machen den Mentalitätsunterschied deutlich, der sich
vom morgenländischen Verfasser, bis hin zum deutschen Rezipienten zieht. In Deutschland
wäre es normalerweise unmöglich ein Märchen mit lasziven und sexuellen Inhalten zu
spicken. Dieser Vergleich der Versionen und der Grund, der hinter dieser latenten
Verschleierung des Ursprungstextes steht, bietet sich an, um einen Diskurs zu schüren. Denn
hier zeigt sich unmittelbar der kulturelle Unterschied. Zudem spiegelt sich in der
Übersetzungsgeschichte auch ein Stück Enttabuisierung erotischer Schilderung wieder. Mit
der Zeit haben sich die Übersetzungen immer mehr der sinnlichen Ausführung des
arabischen Originals angenähert. Warum dies der Fall war und ob sich der Zeitgeist im Sinne
sexueller Schilderungen geändert hat, wäre ebenfalls eine Diskussion wert, die im Unterricht
höherer Klassenstufen umgesetzt werden kann.[33]

6. Resümee

Insgesamt bleibt festzuhalten, dass die interkulturelle Literatur im regulären
Deutschunterricht ebenso wie im DaF-Unterricht Potentiale bietet, die sich in ihren
Zielsetzungen von der sonst häufig verwendeten Literatur unterscheiden. Natürlich können
Texte mit interkulturellem Inhalt ebenso für klassische Textproduktionsanwendungen
herangezogen werden, als häufigste sollen hier die Personencharakteristik und das
Verfassen eines alternativen Endes exemplarisch aufgegriffen werden. Darüber hinaus bietet
die interkulturelle Literatur jedoch die Möglichkeit auf Grund von Perspektivenwechseln das
Eigene und das Fremde neu zu erfahren. Die Stereotype bilden dabei einen willkommenen
Ansatzpunkt, der zur Förderung der Empathie beitragen kann. Durch die Einfühlung in die

---

[31] Spinner, Kaspar H.: Interkulturalität. S. 153.
[32] Spinner, Kaspar H.: Interkulturalität. S. 153.
[33] Vgl. Spinner, Kaspar H.: Interkulturalität. S. 153.

Figuren und die Erkenntnis, dass neben den vielzitierten Unterschieden häufig auch viele Gemeinsamkeiten bestehen, lassen sich zuvor fremde Verhaltensweisen und kulturelle Eigenheiten besser in die eigene Erfahrungswelt integrieren. Dadurch wird auch Verständnis für das vermeintlich Andere entwickelt.

Besonders soll hier noch einmal auf den Unterrichtsvorschläge von Spinner verwiesen werden. Neben einem Vergleich von Märchen mit ähnlichem Inhalt aus unterschiedlichen kulturellen Bereichen, schlägt er auch einen Vergleich zwischen verschiedenen deutschen Übersetzungen einer ausländischen Vorlage im Wandel der Zeit vor. Beide Ansätze können verstärkt dazu beitragen, nicht nur die fremde, sondern auch die eigene Kultur begreifbar zu machen. Ein echtes Verständnis für die dem Anschein nach so vertraute eigene Kultur kann nämlich nur in Kontrastsetzung mit anderen Kulturen erreicht werden.

7. Literaturverzeichnis

Sekundärliteratur:

Bredella, Lothar: Grundzüge einer interkulturellen Literaturdidaktik. In: Honnef-Becker, Irmgard (Hg.):
Dialoge zwischen den Kulturen. Interkulturelle Literatur und ihre Didaktik (Diskussionsforum
Deutsch, Bd. 24). Baltmannsweiler 2007. S. 29-46.

Esselborn, Karl: Interkulturelle Literatur – Entwicklungen und Tendenzen. In: Honnef-Becker, Irmgard
(Hg.): Dialoge zwischen den Kulturen. Interkulturelle Literatur und ihre Didaktik
(Diskussionsforum Deutsch, Bd. 24). Baltmannsweiler 2007. S. 9-28.

Honnef-Becker, Irmgard: Empathie und Reflexion: Überlegungen zu einer interkulturellen
Literaturdidaktik. In: Honnef-Becker, Irmgard (Hg.): Dialoge zwischen den Kulturen.
Interkulturelle Literatur und ihre Didaktik (Diskussionsforum Deutsch, Bd. 24).
Baltmannsweiler 2007. S. 201-236.

O`Sullivan, Emer: Repräsentationen eigener und fremder Kulturen in der (Kinder)Literatur. In:
Honnef-Becker, Irmgard (Hg.): Dialoge zwischen den Kulturen. Interkulturelle Literatur und
ihre Didaktik (Diskussionsforum Deutsch, Bd. 24). Baltmannsweiler 2007. S. 127-144.

Padrós, Alicia und Biechele, Markus: Didaktik der Landeskunde (Fernstudienprojekt zur Fort- und
Weiterbildung im Bereich Germanistik und Deutsch als Fremdsprache, Bd. 31).
Berlin/München 2007.

Spinner, Kaspar H.: Verkannte Interkulturalität – das Beispiel „Tausendundeine Nacht". In: Honnef-
Becker, Irmgard (Hg.): Dialoge zwischen den Kulturen. Interkulturelle Literatur und ihre
Didaktik (Diskussionsforum Deutsch, Bd. 24). Baltmannsweiler 2007. S. 145 – 155.

Internetseiten:

http://www.fask.uni-mainz.de/inst/gi/abstracts/abstract-mg.pdf